© Giulio Russo

Author:
Giulio Russo
www.giuliorusso.com

2   2

Einleitung

Willkommen zum besten Buch über die Kunst des Verkaufens, einem Ratgeber, der auf der Erfahrung eines Verkäufers mit einem Jahrzehnt Erfahrung in der Branche basiert: Giulio Russo. Diese Seiten sind eine Zusammenfassung von Wissen und Fähigkeiten, die im Laufe der Jahre erworben wurden, eine Reise durch die wichtigsten Aspekte, die die Welt des Verkaufs kennzeichnen.

Verkaufen ist eine der dynamischsten und herausforderndsten, aber auch lohnendsten Tätigkeiten, die man unternehmen kann. Es ist eine Welt, in der die Fähigkeit zu kommunizieren, zu überzeugen und den Kunden zu verstehen, eine zentrale Rolle spielt. Aber es geht nicht nur um Worte oder Argumentationsgeschick; Verkaufen beinhaltet auch die Fähigkeit, echte Beziehungen aufzubauen, Vertrauen zu vermitteln und die höchsten ethischen Standards zu respektieren.

Dieses Buch ist das Ergebnis jahrelanger Erfahrung im Feld und kontinuierlichen Lernens. Wir werden gemeinsam die grundlegenden Themen des Verkaufs erkunden, zusammengefasst in einer einfachen und verständlichen Weise für jeden, wie:

Worte, die zu vermeiden sind: Wir lernen, die Worte zu erkennen, die den Verkauf beeinträchtigen können, und sie durch eine effektivere Sprache zu ersetzen.

Die Bedeutung positiver Sprache: Wir entdecken, wie positive Sprache die Einstellung des Kunden positiv beeinflussen und die Erfolgschancen erhöhen kann.

Empathie und Konnektivität: Wir sehen, wie wir Empathie entwickeln und Worte verwenden können, die echtes

Verständnis und Interesse am Kunden zeigen.

Überzeugung in Verkaufsbotschaften: Wir erforschen die Kunst, überzeugende Worte zu verwenden, um Dringlichkeit zu erzeugen und das Angebot attraktiver zu machen.

Einwandbehandlung: Wir lernen, Einwände mit Zuversicht zu behandeln, indem wir Worte verwenden, die Kompetenz und Respekt vermitteln.

Pünktlichkeit und Zuverlässigkeit: Wir erkennen die Wichtigkeit, pünktlich und zuverlässig zu sein, um die Kundenversprechen einzuhalten.

Personalisierung des Produkts oder Dienstleistung: Wir entdecken, wie man das Angebot personalisieren kann, um die Bedürfnisse der Kunden bestmöglich zu erfüllen.

Die Wichtigkeit, unangebrachte Witze zu vermeiden: Wir erforschen Ethik und Professionalität im Umgang mit Kunden, indem wir offensive oder unangemessene Witze vermeiden.

Äußeres Erscheinungsbild und erster Eindruck: Wir schließen mit der Bedeutung des physischen Erscheinungsbilds, angemessener Kleidung und Accessoires in Ihrer persönlichen Präsentation ab.

In diesem Buch finden Sie praktische Beispiele, Tipps und Strategien, die Ihnen helfen werden, Ihre Verkaufsfähigkeiten zu verbessern und vertrauensvolle Beziehungen zu Kunden aufzubauen. Mein Ziel ist es, Ihnen ein nützliches und praktisches Werkzeug zu bieten, um im Verkaufsbereich zu glänzen.
Ich hoffe, dass Sie diese Lektüre sehr nützlich finden und dass sie Sie inspiriert, in dieser Welt Erfolg zu haben.
Viel Spaß beim Lesen und gute Verkäufe!

Kapitel 1 - Negative Wörter vermeiden

In der heiklen Welt des Verkaufs können Wörter wie Pfeile sein, die ins Schwarze treffen, oder wie Bumerangs, die gegen dich zurückkommen. Das Vermeiden negativer Wörter ist entscheidend, um eine positive Verbindung zum Kunden aufrechtzuerhalten und den Erfolg der Verhandlung zu sichern.

Zunächst schließe Wörter wie "Problem" aus deinem Wortschatz aus. Dieses Wort kann Angst und Widerstand bei den Kunden erzeugen, wodurch sie dein Produkt oder deine Dienstleistung eher als Quelle von Unannehmlichkeiten statt als Lösung wahrnehmen. Ersetze "Problem" stattdessen durch "Herausforderung", um ein Hindernis in eine Wachstumschance umzuwandeln.

Ein weiteres zu vermeidendes Wort ist "Defekt". Die Verwendung dieses Wortes kann die Wahrnehmung des Kunden von deinem Produkt oder deiner Dienstleistung schwächen. Verwende stattdessen Ausdrücke wie "verbesserungsfähiges Merkmal", um die Möglichkeit von Verbesserungen zu betonen und deine Offenheit für kontinuierliche Perfektionierung zu demonstrieren.

Vermeide auch das Wort "Versagen". Seine Präsenz kann beim Nutzer Angst auslösen und die Zuverlässigkeit deines Produkts oder deiner Dienstleistung in Frage stellen. Wähle "gelernte Lektion", um die Bereitschaft zu zeigen, aus vergangenen Fehlern zu lernen und sich stetig zu verbessern.

Sei ebenso vorsichtig bei der Verwendung von Wörtern wie "untragbar" oder "unmöglich". Diese Wörter können Begrenzungen suggerieren und den Kunden entmutigen. Anstatt zu erklären, dass etwas unmöglich ist, verwende

Begriffe wie "herausfordernd" oder "erfordert Engagement", um die Möglichkeit zu betonen, Hindernisse mit Hingabe und Anstrengung zu überwinden.

Vermeide auch Begriffe wie "teuer". Dieses Wort könnte dazu führen, dass der Preis als Last anstatt als Investition wahrgenommen wird. Ersetze es durch "Investition", um den langfristigen Wert des von dir präsentierten Produkts oder Dienstleistung hervorzuheben.

Das Wort "kompliziert". Dieses Wort kann Ängste im Kopf des Kunden wecken, indem es dein Produkt oder deine Dienstleistung als übermäßig schwierig zu verstehen oder zu nutzen erscheinen lässt. Ersetze "kompliziert" durch "einfach", um zu vermitteln, dass dein Produkt intuitiv und leicht zugänglich ist.

Die Verwendung von "anspruchsvoll". Dieses Wort kann dazu führen, dass sich der Kunde überfordert oder gestresst fühlt. Verwende stattdessen "einnehmend", um anzudeuten, dass die Erfahrung mit deinem Produkt oder deiner Dienstleistung einnehmend und lohnend sein wird.

Sei vorsichtig bei der Verwendung von "begrenzt". In einigen Fällen kann dieses Wort beim Kunden Angst erzeugen, da er denkt, er könnte eine einzigartige Gelegenheit verpassen. Anstelle von "begrenzt", verwende Ausdrücke wie "exklusiv" oder "Sonderangebot", um einen Wert zu schaffen, ohne unerwünschte Eile zu erzeugen.

Vermeide die Verwendung von "obligatorisch". Dieses Wort kann den Kunden gezwungen oder unter Druck gesetzt fühlen lassen. Wähle "empfohlen" oder "ratsam", um eine Handlung vorzuschlagen, ohne übermäßigen Druck auszuüben.

Schlussfolgerung:

Denke daran, dass negativer Sprachgebrauch die Wahrnehmung des Kunden erheblich beeinflussen und seine Kaufentscheidung beeinträchtigen kann. Vorsichtig durch das Meer der Worte zu navigieren ist entscheidend, um ein positives und nachhaltiges Verkaufserlebnis zu schaffen. Sei dir der Worte, die du verwendest, bewusst und verändere die Art und Weise, wie du kommunizierst, um stärkere Verbindungen aufzubauen und Erfolg in deinen Verkäufen zu erzielen. Die nächste Seite wird sich auf weitere zu vermeidende Worte konzentrieren und Strategien für eine gewinnende Sprache bieten.

Kapitel 2 - Die Bedeutung Positiver Sprache

Die Sprache, die wir während einer Verkaufsverhandlung verwenden, ist wie ein Pinsel, der das Bild unseres Angebots im Geiste des Kunden malt. In diesem Kontext ist die Verwendung positiver Sprache entscheidend und kann den Unterschied zwischen einem erfolgreichen Verkauf und einem Kunden, der sich abwendet, ausmachen. Wir erforschen die Bedeutung positiver Sprache im Verkauf und wie sie das Gesamterlebnis des Kunden positiv beeinflussen kann.

Zunächst schafft positive Sprache eine einladende und förderliche Umgebung. Wenn ein Verkäufer positive Wörter und Phrasen verwendet, entsteht eine Atmosphäre, die den Kunden entspannt. Statt zu sagen "Keine Sorge, Sie werden keine Probleme mit unserem Produkt haben", könnte der Verkäufer wählen: "Sie werden überrascht sein, wie einfach sich unser Produkt in Ihren Alltag integriert". Diese kleine Änderung vermittelt Vertrauen und Optimismus.

Darüber hinaus hilft positive Sprache, eine emotionale Verbindung zwischen dem Verkäufer und dem Kunden aufzubauen. Empathie ist im Verkauf entscheidend, und positive Worte können dazu beitragen, eine tiefere Verbindung zu etablieren. Zum Beispiel könnte ein Verkäufer sagen: "Ich verstehe, wie wichtig es für Sie ist, die richtige Lösung zu finden", und zeigt so ein empathisches Verständnis für die Bedürfnisse des Kunden.

Positive Sprache hat auch die Kraft, Einwände in Chancen umzuwandeln. Wenn ein Kunde ein Bedenken oder einen Zweifel äußert, kann ein Verkäufer, der positive Sprache verwendet, die Situation konstruktiv angehen. Anstatt mit einer Verteidigung zu reagieren, könnte er sagen: "Ich schätze Ihre Aufmerksamkeit für Details. Ich möchte Ihnen versichern, dass wir hier sind, um alle Ihre Bedenken zu lösen." Diese Antwort adressiert nicht nur den Einwand, sondern stärkt auch das Vertrauen des Kunden in den Prozess.

Ein weiterer wichtiger Aspekt ist, dass positive Sprache die Wahrnehmung des Werts beeinflussen kann. Indem Wörter wie "Vorteil", "Erfolg" und "Lösung" verwendet werden, kann der Verkäufer die Vorteile des Produkts oder der Dienstleistung effektiv kommunizieren. Anstatt zu sagen "Dieses Produkt ist weniger teuer als andere", könnte der Verkäufer behaupten: "Dieses Produkt bietet ein unglaubliches Preis-Leistungs-Verhältnis".

Ein praktisches Beispiel für die Bedeutung positiver Sprache kann beim Verkauf von Technologieprodukten beobachtet werden. Anstatt die Mängel eines Geräts zu betonen, könnte sich ein Verkäufer auf dessen Stärken und die positiven Erfahrungen konzentrieren, die es dem Kunden bieten kann. Dieser Ansatz drängt den Kunden nicht nur dazu, das Produkt positiv zu betrachten, sondern hinterlässt auch einen dauerhaften Eindruck auf die Wahrnehmung der Marke.

Schlussfolgerung:

Positive Sprache ist ein mächtiger Verbündeter in der Werkzeugkiste jedes Verkäufers. Die sorgfältige Wahl der Worte kann eine Interaktion von einer gewöhnlichen Transaktion in ein unvergessliches Erlebnis verwandeln. Das nächste Mal, wenn du dich im Verkaufsraum befindest, erinnere dich an die Macht der Worte und wie ein positiver Ansatz Türen öffnen kann, die sonst verschlossen bleiben würden.

Kapitel 3 - Auf den Kunden Eingestellt Sein

Im Verkauf erweist sich die Fähigkeit, sich auf den Kunden einzustellen, als einer der kritischen Faktoren, die durchschnittliche Verkäufer von außergewöhnlichen unterscheiden. Dieses Kapitel untersucht die Bedeutung dieser Abstimmung und bietet praktische Strategien, um bedeutungsvolle Verbindungen mit den Kunden zu schaffen.

Die Bedeutung der Abstimmung auf den Kunden:

Sich auf den Kunden einzustellen, geht weit über die einfache Kommunikation hinaus; es ist der Prozess, tiefgehend die Bedürfnisse, Wünsche und sogar Ängste des Kunden zu verstehen. Wenn ein Verkäufer wirklich auf den Kunden eingestellt ist, kann er seine Präsentation gezielt anpassen und so ein personalisiertes Erlebnis schaffen, das beim Kunden Anklang findet.

Ein Kunde ist eher geneigt, Geschäfte mit jemandem zu machen, der ein echtes Interesse an ihm oder ihr zeigt. Sich auf den Kunden einzustellen, ist ein Zeichen von Respekt und Aufmerksamkeit, Schlüsselelemente für den Aufbau dauerhafter Beziehungen. Es schafft einen fruchtbaren Boden für gegenseitiges Vertrauen, das die Grundlage jeder erfolgreichen Transaktion ist.

Wie man sich auf den Kunden einstellt:

1. Aktives Zuhören:
Eine grundlegende Methode, sich auf den Kunden einzustellen, ist das aktive Zuhören. Beschränken Sie sich nicht darauf, nur die Worte des Kunden zu hören, sondern versuchen Sie, die dahinterliegende Bedeutung zu verstehen. Geben Sie Feedback, indem Sie wiederholen oder paraphrasieren, was der Kunde gesagt hat, um zu zeigen,

dass Sie die Botschaft wirklich aufgenommen haben.

Beispiel: Wenn ein Kunde Bedenken bezüglich der Akkulaufzeit eines Produkts äußert, antworten Sie empathisch: "Ich verstehe, wie wichtig es für Sie ist, ein Produkt mit zuverlässiger Batterie zu haben. Ich kann Ihnen versichern, dass unser Produkt so gestaltet ist, dass es auch hinsichtlich der Akkulaufzeit optimale Leistung bietet."

2. Offene Fragen Stellen:
Verwenden Sie offene Fragen, um den Kunden zu ermutigen, mehr Details über seine Situation und seine Bedürfnisse zu teilen. Dies liefert nicht nur wertvolle Informationen, sondern zeigt auch, dass Sie versuchen, seine Perspektive vollständig zu verstehen.

Beispiel: Anstatt zu fragen "Brauchen Sie etwas Bestimmtes?", könnten Sie sagen: "Darf ich fragen, was derzeit Ihre Hauptprioritäten sind? Auf diese Weise kann ich Ihnen das am besten geeignete Produkt empfehlen."

3. Beobachten der Nonverbalen Signale:
Nonverbale Kommunikation ist genauso wichtig wie die gesprochenen Worte. Beobachten Sie die Körpersprache, Gestik und Mimik des Kunden, um Nuancen zu erfassen, die möglicherweise nicht verbal zum Ausdruck kommen.

Beispiel: Wenn ein Kunde beim Sprechen über ein bestimmtes Produkt zögerlich wirkt, könnten Sie vorsichtig fragen: "Ich habe bemerkt, dass Sie einige Zweifel zu haben scheinen. Kann ich Ihnen helfen, irgendwelche Bedenken zu klären?"

4. Anpassung Ihres Sprachgebrauchs:
Sich auf den Kunden einzustellen, erfordert auch die Fähigkeit, Ihren Sprachgebrauch anzupassen. Verwenden Sie

einen Wortschatz und einen Kommunikationsstil, der am besten zum Kunden passt, und vermeiden Sie technische Begriffe oder übermäßig formale Ausdrücke, wenn dies nicht dessen Vorliebe entspricht.

Beispiel: Wenn Sie es mit einem Kunden zu tun haben, der einen informelleren Ansatz bevorzugt, könnten Sie sagen: "Ich würde gerne mehr über Ihre Bedürfnisse erfahren und die perfekte Lösung für Sie finden. Was können wir gemeinsam tun, um diesen Prozess für Sie einfacher und zufriedenstellender zu gestalten?"

Praktische Beispiele für "Auf den Kunden eingestellt sein":

1. Szene 1: Verkauf von Elektronik

Ein Kunde betritt einen Elektronikladen und erwähnt, dass er an einem neuen Laptop für die Arbeit interessiert ist. Der Verkäufer könnte sich einstellen, indem er fragt: "Ich verstehe, dass Sie einen Laptop für berufliche Zwecke suchen. Darf ich fragen, welche Spezifikationen Sie für Ihren Beruf als am wichtigsten erachten?"

2. Szene 2: Verkauf von Kleidung

In einem Bekleidungsgeschäft sucht eine Kundin ein Kleid für einen besonderen Anlass. Der Verkäufer könnte seine Abstimmung zeigen, indem er sagt: "Es ist aufregend, das perfekte Kleid für einen besonderen Anlass zu finden. Kann ich Ihnen dabei helfen, etwas zu finden, das Sie an diesem wichtigen Tag unglaublich fühlen lässt?"

Schlussfolgerung:

Sich auf den Kunden einzustellen, ist ein dynamischer Prozess, der ständige Übung erfordert. Es ist eine Investition, die sich in stärkeren Beziehungen, zufriedeneren Kunden und letztendlich im Erfolg in der Welt des Verkaufs auszahlt. Auf der nächsten Seite werden wir weitere Strategien erforschen, um diese Fähigkeit zu perfektionieren und dauerhafte Verbindungen zu schaffen.

Kapitel 4 - Anpassung der Nachricht, den Kunden in den Mittelpunkt stellen

In der komplexen Welt des Verkaufs ist die Fähigkeit, die Nachricht zu personalisieren, einer der Schlüssel zum Erfolg. Kapitel 4 unserer Anleitung konzentriert sich auf diesen grundlegenden Aspekt und betont die Wichtigkeit, allgemeine Ansprachen zu vermeiden und eine maßgeschneiderte Botschaft für die spezifischen Bedürfnisse jedes Kunden zu erstellen.

Die Bedeutung der Anpassung der Nachricht:

Stellen Sie sich vor, Sie betreten ein Geschäft auf der Suche nach einem Paar Schuhe. Ein Verkäufer kommt auf Sie zu und beginnt, Ihnen über die technischen Eigenschaften einer breiten Palette von Schuhen zu erzählen, ohne zuerst nach Ihrem bevorzugten Stil oder Ihrer Größe zu fragen. Wie wahrscheinlich wäre es, dass Sie in diesem Kontext einen Kauf tätigen? Die Personalisierung der Nachricht ist der Schlüssel, um diese Situation zu vermeiden und ein bedeutungsvolles Einkaufserlebnis zu schaffen.

Wenn eine Nachricht personalisiert ist, fühlt sich der Kunde erkannt, gehört und wichtig. Indem generische Ansprachen vermieden werden, zeigt der Verkäufer ein echtes Engagement für die Bedürfnisse des Kunden und schafft damit einen fruchtbaren Boden für Vertrauen und Treue.

Wie man die Nachricht personalisiert:

1. Informationen sammeln:
Die Personalisierung beginnt mit dem Sammeln von Informationen. Verwenden Sie frühere Daten, Analysen des

Kundenverhaltens und Informationen, die während der Interaktion gesammelt wurden, um die Bedürfnisse und Vorlieben des Kunden besser zu verstehen.

Beispiel: Ein Online-Händler, der bemerkt hat, dass ein Kunde hauptsächlich Hautpflegeprodukte kauft, könnte die Nachricht anpassen, indem er Vorschläge für neue Produkte macht, die zu deren bisherigen Kaufentscheidungen passen.

2. Verwenden Sie den Namen des Kunden:
Eine einfache, aber effektive Methode, um eine Nachricht zu personalisieren, ist die Verwendung des Namens des Kunden. Sich auf den Kunden beim Namen zu beziehen, schafft sofort ein Gefühl der persönlichen Verbindung.

Beispiel: "Hallo [Name], danke, dass Sie wieder in unserem Geschäft sind. Wir haben bemerkt, dass Sie unsere Angebote für Haushaltsprodukte mögen. Kann ich Ihnen heute bei der Suche nach etwas Bestimmtem helfen?"

3. Passen Sie die Sprache an:
Passen Sie den Ton und die Sprache Ihrer Nachricht an den Kunden an. Wenn Sie es mit einem Kunden zu tun haben, der einen formelleren Ansatz bevorzugt, verwenden Sie eine entsprechende Sprache. Wenn der Kunde jedoch einen informelleren Stil bevorzugt, passen Sie Ihren Kommunikationsstil entsprechend an.

Beispiel: "Wir freuen uns darauf, Ihnen bei der Suche nach dem perfekten Produkt zu helfen" vs. "Wir sind hier, um Sie bei der Suche nach dem Produkt zu unterstützen, das am besten zu Ihren Bedürfnissen passt. Wie kann ich Ihnen heute helfen?"

4. Verbinden Sie das Produkt mit den Bedürfnissen des Kunden:

Verknüpfen Sie die Vorteile des Produkts oder Dienstes mit den spezifischen Bedürfnissen des Kunden. Zeigen Sie, wie das, was Sie anbieten, direkt auf ihre Bedürfnisse eingeht oder ein Problem löst, das sie haben könnten.

Beispiel: "Unsere Palette an Haushaltsprodukten ist darauf ausgelegt, Ihr Leben komfortabler und organisierter zu gestalten. Sie haben erwähnt, dass Sie nach Lösungen suchen, um Platz zu optimieren. Wir haben einige Produkte, die Sie interessieren könnten."

Praktische Beispiele für die Personalisierung der Nachricht:

1. Szene 1: Online-Verkauf von Bekleidung

Eine Online-Bekleidungsseite könnte nach dem Kauf einer Winterjacke durch einen Kunden eine personalisierte E-Mail mit Vorschlägen für Accessoires oder andere Kleidungsstücke senden, die gut zur gekauften Jacke passen.

2. Szene 2: Verkauf von Schönheitsprodukten

Ein Händler von Schönheitsprodukten, der bemerkt hat, dass ein Kunde regelmäßig Haarpflegeprodukte kauft, könnte neue Ankünfte oder Sonderangebote von Marken, die der Kunde bevorzugt, durch personalisierte Nachrichten vorschlagen.

Schlussfolgerung:

Die Anpassung der Nachricht ist eine mächtige Strategie, um bedeutungsvolle Beziehungen zu Kunden aufzubauen. Wenn ein Kunde wahrnimmt, dass der Verkäufer Zeit und Energie investiert, um seine spezifischen Bedürfnisse zu verstehen, ist er eher geneigt, Vertrauen zu fassen und weiterhin Geschäfte mit diesem Verkäufer zu machen. Auf der nächsten Seite werden wir weitere Strategien erkunden, um Ihre Fähigkeit zur Personalisierung zu verfeinern und sicherzustellen, dass sich jeder Kunde wirklich im Mittelpunkt der Aufmerksamkeit fühlt.

Kapitel 5 - Empathie und Verbundenheit, Beziehungen auf authentischem Verständnis aufbauen

Empathie erweist sich als eines der mächtigsten Werkzeuge, um bedeutungsvolle Verbindungen mit Kunden aufzubauen. In diesem Kapitel widmen wir uns der Erforschung der Bedeutung der Entwicklung von Empathie und Verbundenheit während der Interaktionen mit Kunden und heben die Verwendung von Worten hervor, die Verständnis und echtes Interesse zeigen.

Die Bedeutung von Empathie und Verbundenheit:

Empathie bedeutet, die Gefühle anderer zu verstehen und zu teilen. Wenn sie auf den Verkauf angewandt wird, geht Empathie über das bloße Verstehen der Bedürfnisse des Kunden hinaus; es geht darum, die Emotionen des Kunden authentisch zu erkennen und darauf zu reagieren. Verbundenheit durch Empathie aufzubauen schafft eine emotionale Bindung, die über die Geschäftstransaktion hinausgeht und dazu beiträgt, dauerhafte Beziehungen und Kundentreue zu etablieren.

Wenn sich ein Kunde wirklich verstanden und unterstützt fühlt, steigt sein Vertrauen in den Verkäufer deutlich. Empathie spielt eine Schlüsselrolle, um diese Erfahrung authentisch zu gestalten. Die Verwendung von Worten, die Verständnis zeigen, schafft nicht nur eine komfortable Umgebung für den Kunden, sondern zeigt auch, dass der Verkäufer sich um sein Wohlergehen kümmert und über den einfachen Verkauf eines Produkts oder Dienstes hinausgeht.

Wie man Empathie und Verbundenheit entwickelt:

1. Aktives Zuhören:
Aktives Zuhören ist der Eckpfeiler der Empathie. Wenn der Verkäufer zeigt, dass er aufmerksam zuhört, fühlt sich der Kunde wertgeschätzt. Wiederholen oder paraphrasieren Sie, was der Kunde sagt, um zu bestätigen, dass Sie verstanden haben und Aufmerksamkeit schenken.

Beispiel: Wenn ein Kunde Frustration über ein Problem ausdrückt, könnte der Verkäufer empathisch antworten: "Ich kann mir vorstellen, wie frustrierend das sein muss. Ich wäre auch frustriert, wenn ich in Ihrer Situation wäre. Wie kann ich Ihnen helfen, dieses Problem zu lösen?"

2. Verwenden Sie empathische Ausdrücke:
Der Einsatz expliziter empathischer Phrasen ist entscheidend. Worte wie "Ich kann verstehen, wie Sie sich fühlen" oder "Es tut mir leid, dass Sie diese Situation durchmachen" zeigen dem Kunden, dass der Verkäufer nicht nur seine Emotionen versteht, sondern sich auch aufrichtig um sein Wohlergehen kümmert.

Beispiel: Wenn ein Kunde von einer negativen Erfahrung mit einem Produkt erzählt, könnte der Verkäufer empathisch antworten: "Es tut mir leid zu hören, dass Sie diese Erfahrung gemacht haben. Ich kann verstehen, wie frustrierend das ist. Ich möchte eine Lösung finden, die Sie zufriedenstellt."

3. Teilen Sie verwandte Erfahrungen:
Das Teilen von persönlichen, ähnlichen Erfahrungen kann, wenn angemessen, die Empathie stärken. Es ist jedoch wichtig, dies taktvoll zu tun und nicht die Aufmerksamkeit vom Kunden wegzunehmen. Dies schafft ein Gefühl der Verbindung und zeigt, dass der Verkäufer ein Mensch ist, nicht nur ein Verkaufsprofi.

Beispiel: Wenn ein Kunde von einer familiären Herausforderung spricht, könnte der Verkäufer antworten: "Ich habe auch schon eine ähnliche Situation durchgemacht. Ich weiß, wie anspruchsvoll das sein kann. Was kann ich tun, um Ihnen zu helfen, diese Herausforderung zu bewältigen?"

4. Seien Sie authentisch:
Authentische Empathie kann nicht vorgetäuscht werden. Es ist essenziell, dass der Verkäufer echte Besorgnis und Verständnis zeigt. Die Worte müssen von echter Authentizität und wahrer Empathie getragen sein.

Beispiel: Wenn ein Kunde Besorgnis über ein persönliches Problem äußert, könnte der Verkäufer sagen: "Es tut mir leid, dass Sie diese schwierige Zeit durchmachen. Ich möchte Ihnen versichern, dass ich hier bin, um Sie in jeder möglichen Weise zu unterstützen."

Praktische Beispiele für Empathie und Verbundenheit:

1. Szene 1: Verkauf von technischem Support:
Ein Kunde ruft den Kundendienst an, um ein technisches Problem zu lösen. Der Vertreter könnte empathisch antworten: "Es tut mir leid, dass Sie dieses Problem haben. Ich kann verstehen, wie frustrierend das sein muss. Wir werden zusammenarbeiten, um es zu lösen."

2. Szene 2: Verkauf von Luxusgütern:
Ein Kunde besucht ein Luxusgeschäft und erwähnt, sich von den Optionen überwältigt zu fühlen. Der Verkäufer könnte empathisch antworten: "Ich kann verstehen, wie überwältigend die große Auswahl an Optionen sein kann. Ich möchte Ihr Einkaufserlebnis so angenehm wie möglich gestalten. Gibt es etwas Spezifisches, das Sie heute suchen?"

Schlussfolgerung:

Empathie und Verbundenheit sind Schlüssel zum Aufbau bedeutungsvoller Beziehungen in der Welt des Verkaufs. Wenn ein Kunde wahrnimmt, dass der Verkäufer wirklich an seinem Wohlergehen interessiert ist und seine Emotionen versteht, vertieft sich die Verbindung und vermittelt dem Kunden ein Gefühl des Vertrauens.

Kapitel 6 - Überzeugende Worte, eine Anleitung zur Kunst der Überzeugung in Verkaufsbotschaften

In diesem Kapitel tauchen wir in die faszinierende Welt der überzeugenden Worte ein und erforschen den Einsatz von Begriffen wie "exklusiv", "begrenzt" und "sofortiger Nutzen". Diese Wörter fangen nicht nur die Aufmerksamkeit des Kunden ein, sondern schaffen auch ein Gefühl der Dringlichkeit, wodurch das Angebot attraktiver wird. Wir werden die Bedeutung dieser Wörter im Kontext des Verkaufs entdecken und wie man die Botschaft personalisiert, um sie authentisch überzeugend zu gestalten.

Die Bedeutung überzeugender Worte:

Worte haben die Kraft, Emotionen zu wecken, Wünsche zu entfachen und zum Handeln anzuregen. Im Verkauf ist der Einsatz überzeugender Worte einer der Hauptfaktoren, um den Kunden über die reine Betrachtung hinaus zum Handeln zu bewegen. Diese Worte kommunizieren nicht nur die Vorteile des Produkts oder Dienstes, sondern schaffen auch ein Gefühl der Dringlichkeit, indem sie dem Kunden suggerieren, dass die Gelegenheit begrenzt oder exklusiv sein könnte.

Die Kunst der Überzeugung besteht nicht nur darin, den Kunden zum Kauf zu bewegen, sondern auch darin, dies so zu tun, dass er sich mit seiner Entscheidung glücklich und zufrieden fühlt. Überzeugende Worte sind wie kleine Zauber, die die Emotionen des Kunden in die gewünschte Richtung lenken.

Wie man überzeugende Worte verwendet:

1. Exklusivität:

Das Wort "exklusiv" weckt ein Gefühl der Einzigartigkeit und des Privilegs. Sein Einsatz erzeugt die Vorstellung, dass das Angebot nur einer ausgewählten Gruppe vorbehalten ist, was den Kunden besonders und als Teil von etwas Einzigartigem fühlen lässt.

Beispiel: "Wir haben ein exklusives Angebot nur für unsere treuesten Kunden vorbereitet. Möchten Sie einer der Ersten sein, die von dieser Gelegenheit profitieren?"

2. Begrenztheit:

Der Gedanke an Begrenztheit erzeugt ein Gefühl der Dringlichkeit und Knappheit, das den Kunden dazu anregt, schnell zu handeln, um die Gelegenheit nicht zu verpassen. Wörter wie "begrenzt" oder "limitierte Auflage" aktivieren den Wunsch, etwas Wertvolles zu erwerben, das bald nicht mehr verfügbar sein könnte.

Beispiel: "Wir bieten einen speziellen Rabatt auf dieses Produkt, aber das Angebot ist begrenzt. Nur für die ersten 50 Käufer. Verpassen Sie diese Gelegenheit nicht!"

3. Sofortiger Nutzen:

Die Hervorhebung des sofortigen Nutzens eines Produkts oder Dienstes fesselt die Aufmerksamkeit des Kunden und bietet einen greifbaren Anreiz zum Kauf. Wörter wie "sofortiger Nutzen" vermitteln, dass der Kunde nicht lange warten muss, um die Vorteile des Angebots zu genießen.

Beispiel: "Diese Software wird nicht nur Ihre Produktivität verbessern, sondern Sie werden die Vorteile bereits ab dem ersten Tag bemerken. Verpassen Sie nicht die Chance, Ihr

Geschäft heute noch zu transformieren!"

4. Einzigartiges Erlebnis:

Das Wort "einzigartig" betont die Außergewöhnlichkeit des Angebots und appelliert an das Verlangen des Kunden, etwas Besonderes und Unwiederholbares zu erleben.

Beispiel: "Wir haben ein einzigartiges Erlebnis geschaffen, das Sie nirgendwo anders finden werden. Jedes Detail wurde sorgfältig ausgearbeitet, um Ihnen etwas Außergewöhnliches zu bieten. Wir laden Sie ein, Teil dieser exklusiven Erfahrung zu sein."

5. Zufriedenheitsgarantie:

Sicherheit ist ein wesentlicher Teil des Entscheidungsprozesses des Kunden. Worte wie "Zufriedenheitsgarantie" schaffen Vertrauen, indem sie dem Kunden versichern, dass der Kauf risikofrei ist.

Beispiel: "Wir bieten eine vollständige Zufriedenheitsgarantie. Wenn Sie mit Ihrem Kauf innerhalb von 30 Tagen nicht zufrieden sind, erstatten wir Ihnen den vollen Betrag. Ihre Zufriedenheit ist unsere oberste Priorität."

Praktische Beispiele für überzeugende Worte:

1. Szene 1: Verkauf von Online-Abonnements:

"Dies ist eine exklusive Gelegenheit für unsere Premium-Abonnenten. Sie erhalten Zugang zu exklusiven Inhalten, Sonderangeboten und Vorschauen neuer Produkte. Werden Sie noch heute Premium-Mitglied und erleben Sie ein völlig neues Einkaufserlebnis!"

2. Szene 2: Verkauf von Schönheitsprodukten:

"Unser Schönheitsproduktset ist in begrenzter Menge verfügbar. Nur die ersten 100 Kunden haben die Möglichkeit, ein exklusives Geschenk mit ihrem Kauf zu erhalten. Verpassen Sie nicht diese Gelegenheit, Ihre Schönheitsroutine mit hochwertigen Produkten zu verwandeln."

Schlussfolgerung:

Überzeugende Worte sind der Schlüssel, um die Kunden zum Handeln anzuregen und ein Gefühl der Dringlichkeit zu erzeugen. Wenn sie sorgfältig und authentisch eingesetzt werden, können diese Worte eine Verkaufsbotschaft in eine unwiderstehliche Gelegenheit verwandeln. Auf der nächsten Seite werden wir weitere Strategien erforschen, um die Kunst der überzeugenden Worte zu verfeinern und die Kunden zu zufriedenstellenden Kaufentscheidungen zu führen.

Kapitel 7 - Einwände Managen, Widerstände mit Vertrauens- und Kompetenzwörtern navigieren

Das Managen von Einwänden ist eine entscheidende Kunst im Verkauf. Im Kapitel 7 unserer Anleitung werden wir die Bedeutung des geschickten Umgangs mit Einwänden erkunden, wobei wir Wörter verwenden, die Vertrauen und Kompetenz vermitteln. Wir vermeiden defensive Worte und konzentrieren uns stattdessen auf beruhigende Ausdrücke wie "ich verstehe deine Bedenken" und "ich kann dir versichern, dass", um eine emotionale Verbindung mit dem Kunden herzustellen.

Die Bedeutung des Managements von Einwänden:

Einwände sind im Verkaufsprozess unvermeidlich. Sie können aus legitimen Bedenken des Kunden, Missverständnissen oder emotionalen Widerständen resultieren. Als Verkäufer kann deine Fähigkeit, diese Einwände zu managen, den Unterschied zwischen einem erfolgreichen Abschluss und einem verlorenen Geschäft ausmachen. Die Einwandbehandlung geht nicht nur darum, das Problem zu lösen, sondern auch darum, das Vertrauen des Kunden in den Prozess und deine Kompetenz zu stärken.

Wenn ein Kunde einen Einwand äußert, ist das ein Zeichen, dass er das Angebot in Betracht zieht, aber Bedenken hat. Diese Einwände empathisch und mit vertrauenserweckenden Worten anzugehen, kann das Hindernis in eine Gelegenheit verwandeln, die Beziehung zu stärken und den Kunden zu einer positiven Entscheidung zu führen.

Wie man Einwände mit Vertrauens- und Kompetenzwörtern managt:

1. Kundenbedenken verstehen:

Bevor man antwortet, ist es entscheidend, die Bedenken des Kunden vollständig zu verstehen. Stelle Fragen, um weitere Details zu erhalten, und zeige, dass du aufmerksam zuhörst.

Beispiel: "Ich verstehe, dass du Bedenken wegen der Kosten des Produkts hast. Kannst du mir genauer erklären, welche spezifischen Aspekte zu deinen Bedenken beitragen?"

2. Vermeide defensive Worte:

Vermeide Worte oder Phrasen, die defensiv klingen oder die Bedenken des Kunden herunterspielen. Das Ziel ist es, einen offenen und respektvollen Dialog zu schaffen.

Beispiel: Vermeide - "Ich verstehe nicht, warum du denkst, dass der Preis zu hoch ist."
Stattdessen verwende - "Ich kann verstehen, wie der Preis eine wichtige Überlegung sein kann. Ich möchte dir versichern, dass wir versuchen, den bestmöglichen Wert anzubieten."

3. Mit Kompetenz beruhigen:

Zeige dem Kunden, dass du ein tiefes Verständnis des Produkts oder der Dienstleistung und seiner Eigenschaften hast. Verwende Worte, die Kompetenz und Sicherheit vermitteln.

Beispiel: "Ich verstehe, dass du Bedenken bezüglich der Haltbarkeit des Produkts hast. Ich kann dir versichern, dass wir rigorose Qualitätsprüfungen durchgeführt haben und unser Produkt für intensive Nutzung im Laufe der Zeit ausgelegt ist."

4. Biete Lösungen und Alternativen an:

Schlag konkrete Lösungen vor, die die Bedenken des Kunden mildern können. Dies zeigt, dass du proaktiv nach einer Lösung suchst.

Beispiel: "Wenn deine Hauptbedenken die Akkulaufzeit betreffen, haben wir auch eine Version des Produkts mit einer leistungsfähigeren Batterie, die bis zu 30% länger hält als das Standardmodell."

5. Betone die Vorteile:

Wiederhole die Schlüsselvorteile des Produkts oder Dienstes und zeige auf, wie sie die Bedenken des Kunden überwiegen. Hebe hervor, wie der gebotene Wert die potenziellen Herausforderungen übertrifft.

Beispiel: "Ich verstehe, dass du besorgt über die Komplexität der Nutzung unserer Software sein könntest. Jedoch haben viele unserer Kunden festgestellt, dass unsere intuitive Benutzeroberfläche und der umfassende Support die Nutzung der Software sehr einfach machen und eine schnelle Lernkurve ermöglichen."

Praktische Beispiele

für das Management von Einwänden mit Vertrauens- und Kompetenzwörtern:

1. Szene 1: Verkauf von Haushaltsgeräten:

Kunde: "Ich mache mir Sorgen um die Haltbarkeit der internen Komponenten dieses Haushaltsgeräts."
Verkäufer: "Ich verstehe deine Bedenken bezüglich der Haltbarkeit. Ich kann dir versichern, dass dieses Modell mit hochwertigen Komponenten konstruiert wurde und wir eine

erweiterte Garantie anbieten, die dir zusätzliche Sicherheit bietet."

2. Szene 2: Verkauf von Finanzdienstleistungen:

Kunde: "Ich habe Angst, mich langfristig an einen Finanzplan zu binden."

Verkäufer: "Ich kann verstehen, dass die Entscheidung für langfristige finanzielle Maßnahmen eine herausfordernde Wahl sein kann. Ich möchte dir die Details unseres Plans zeigen und aufzeigen, wie wir uns im Laufe der Zeit an deine sich ändernden Bedürfnisse anpassen können."

Schlussfolgerung:

Das Management von Einwänden erfordert ein feines Gleichgewicht zwischen Empathie, Kompetenz und praktischer Problemlösung. Worte, die Vertrauen und Kompetenz vermitteln, schaffen eine Umgebung, in der sich der Kunde verstanden und unterstützt fühlt. Auf der nächsten Seite werden wir weitere Strategien erforschen, um deine Fähigkeiten im Umgang mit Einwänden zu verfeinern und Widerstände in Chancen zu verwandeln.

Kapitel 8 - Klar und Fließend Sprechen: Der Schlüssel zum Erfolg in der Kommunikation

In Kapitel 8 tauchen wir in den grundlegenden Aspekt der Kommunikation ein: die Art und Weise, wie wir sprechen. Die Fähigkeit, klar und flüssig zu sprechen und den richtigen Tonfall zu verwenden, ist entscheidend. In diesem Abschnitt werden wir die Wichtigkeit dieses Aspekts erkunden und Methoden vorstellen, um deine Kommunikationsfähigkeiten zu verbessern.

Die Bedeutung des klaren und flüssigen Sprechens:

Kommunikation ist das Lebenselixier des Verkaufs. Wenn du einem Kunden gegenüberstehst oder eine Präsentation hältst, beeinflusst die Art, wie du sprichst, die Wahrnehmung des Kunden und deine Fähigkeit, Informationen effektiv zu übermitteln. Deshalb ist es von grundlegender Bedeutung, klar und flüssig zu sprechen.

1. Effektive Kommunikation: Klar und flüssig zu sprechen stellt sicher, dass deine Botschaft ohne Mehrdeutigkeit verstanden wird. Kunden müssen eine klare Vorstellung von den Vorteilen deiner Produkte oder Dienstleistungen und den Lösungen, die du anbietest, um ihre Bedürfnisse zu erfüllen, haben.

2. Glaubwürdigkeit und Vertrauen: Eine verwirrte oder unklare Sprechweise kann das Vertrauen des Kunden in deine Kompetenz untergraben. Im Gegensatz dazu zeigt klares Sprechen Professionalität und Sicherheit.

3. Kundenbindung: Eine fließende Kommunikation ist einnehmend. Sie ermöglicht es dir, die Aufmerksamkeit des Kunden zu fangen und während des gesamten Gesprächs aufrechtzuerhalten. Ein engagierter Kunde ist eher geneigt, Fragen zu stellen, deinen Vorschlägen zuzuhören und letztendlich Kaufentscheidungen zu treffen.

4. Aufbau von Verbindungen: Die Art, wie du sprichst, kann die emotionale Verbindung mit dem Kunden beeinflussen. Ein warmer, freundlicher und verständnisvoller Tonfall kann dabei helfen, eine stärkere und dauerhaftere Beziehung aufzubauen.

Methoden zur Verbesserung der Klarheit und Flüssigkeit der Rede:

1. Ständige Übung: Wie bei jeder Fähigkeit ist Übung entscheidend. Suche nach Möglichkeiten, das klare und flüssige Sprechen zu üben. Du kannst dies auch alleine tun, indem du laut liest oder einen Freund oder Kollegen in deine Übungen einbeziehst.

2. Pausen und Atmen: Zu schnelles Sprechen kann schwer zu folgen sein. Lerne, Pausen zu machen und regelmäßig zu atmen, während du sprichst. Dies hilft dir, langsamer zu werden und klarer zu kommunizieren.

3. Vermeide zu technische Wörter: Wenn du ein Produkt oder eine Dienstleistung verkaufst, das oder die technische Begriffe enthalten könnte, stelle sicher, dass du diese dem Kunden klar erklärst. Vermeide übermäßigen Gebrauch von Fachbegriffen ohne Erklärung.

4. Verwende einen angemessenen Tonfall: Passe deinen Tonfall dem Kontext und dem Kunden an. Wenn du beispielsweise eine Beziehung aufbauen möchtest, verwende einen warmen und freundlichen Ton. Wenn du technische Informationen bereitstellst, verwende einen professionelleren und sichereren Ton.

5. Vermeide Füllwörter und Unterbrechungen:
Übermäßiger Gebrauch von Wörtern wie "ähm", "also", oder lange Pausen können den Fluss der Kommunikation unterbrechen. Versuche, diese Füllwörter zu minimieren und an der Flüssigkeit deiner Rede zu arbeiten.

6. Höre dir selbst zu: Nimm dich auf, während du sprichst, und höre dir die Aufnahmen an. Dies hilft dir, Bereiche zur Verbesserung zu identifizieren, wie Aussprache oder Klarheit.

7. Sei dir deines Publikums bewusst: Passe deine Rede an dein Publikum an. Berücksichtige das Wissensniveau und das Interesse des Kunden und passe deine Sprache entsprechend an.

8. Übe nonverbale Kommunikation: Neben Worten ist nonverbale Kommunikation entscheidend. Halte eine offene und sichere Körpersprache, halte Augenkontakt und verwende angemessene Gesten, um Schlüsselpunkte zu betonen.

Praktische Beispiele:

1. Vorstellung eines technischen Produkts: Wenn du ein technisches Produkt einem Kunden vorstellst, versuche, Schlüsselkonzepte klar zu erklären und konkrete Beispiele zu verwenden. Beispielsweise anstatt zu sagen "Dieses Gerät hat einen Dual-Core-CPU", könntest du sagen "Dieses Gerät hat einen leistungsstarken Prozessor, der es dir ermöglicht, mehrere Anwendungen gleichzeitig reibungslos, ohne Unterbrechungen und schnell auszuführen."

2. Verbindungsaufbau mit einem neuen Kunden: Wenn du dich einem neuen Kunden vorstellst, versuche, einen freundlichen und herzlichen Ton zu verwenden. Du könntest sagen: "Ich freue mich darauf, dir zu helfen, die beste Lösung

für deine Bedürfnisse zu finden. Ich verstehe, wie wichtig es ist, fundierte Entscheidungen zu treffen."

Schlussfolgerung:

Klar und flüssig zu sprechen und den richtigen Tonfall zu verwenden, ist eine wesentliche Fähigkeit für den Erfolg im Verkauf. Es verbessert nicht nur deine Fähigkeit, effektiv mit Kunden zu kommunizieren, sondern trägt auch dazu bei, Vertrauen, Engagement und emotionale Verbindungen aufzubauen. Durch die Anwendung der in diesem Kapitel bereitgestellten Methoden und praktischen Beispiele kannst du deine kommunikativen Fähigkeiten verbessern und ein effektiverer Verkäufer werden. Denke daran, dass ständige Übung der Schlüssel zum Erfolg ist, also übe weiter und verfeinere deine Sprechweise.

Kapitel 9 - Körpersprache des Verkäufers

Die Nonverbale Kommunikation, die den Unterschied macht

Die nonverbale Kommunikation, insbesondere die Körpersprache des Verkäufers, spielt eine Hauptrolle beim Aufbau von Beziehungen zu Kunden, beeinflusst die Wahrnehmung und leitet den Erfolg von Verhandlungen. Im Kapitel 9 dieser Anleitung werden wir die Bedeutung der Körpersprache des Verkäufers erforschen und Methoden vorstellen, um deine Haltung und deine nonverbale Kommunikation zu verbessern.

Die Bedeutung der Körpersprache des Verkäufers:

Körpersprache ist eine Form der Kommunikation, die oft mehr Informationen übermittelt, als uns bewusst ist. Ihre Bedeutung im Verkauf liegt darin, dass sie die verbale Botschaft, die du zu übermitteln versuchst, entweder verstärken oder untergraben kann. Deshalb ist es wichtig, deine Körpersprache zu verstehen und zu kontrollieren:

1. Vertrauensbildung: Eine selbstbewusste und offene Körpersprache trägt dazu bei, Vertrauen mit dem Kunden aufzubauen. Eine aufrechte Haltung und der Blickkontakt übermitteln Sicherheit und Kompetenz.

2. Kundenengagement: Körpersprache kann ein mächtiges Werkzeug sein, um den Kunden einzubinden. Expressive Handgesten und der Einsatz von Gesten, um Schlüsselpunkte zu betonen, können die Aufmerksamkeit aufrechterhalten und das Gespräch einnehmender machen.

3. Interessensbekundung: Deine Körpersprache kann

dein echtes Interesse am Kunden und an seinen Bedürfnissen kommunizieren. Ein aufrichtiges Lächeln, die Neigung des Körpers zum Kunden hin und aktives Zuhören können den Kunden wichtig und gehört fühlen lassen.

4. Einwandmanagement: Deine Körpersprache kann dir helfen, Einwände zu managen. Eine offene und beruhigende Haltung kann die Bedenken des Kunden mildern, während eine defensive nonverbale Kommunikation die Situation verschlimmern kann.

Methoden zur Verbesserung der Körpersprache:

1. Aufrechte Haltung bewahren: Stehe oder sitze mit geradem Rücken. Eine aufrechte Haltung vermittelt Vertrauen und Professionalität. Vermeide es, die Arme zu verschränken oder geschlossene Haltungen einzunehmen, die defensiv wirken könnten.

2. Blickkontakt halten: Blickkontakt ist wesentlich, um Vertrauen und Interesse zu kommunizieren. Schau dem Kunden während des Gesprächs in die Augen, ohne starr oder einschüchternd zu wirken.

3. Gesten managen: Setze Gesten effektiv ein, um deine Schlüsselpunkte zu betonen. Vermeide jedoch übermäßigen Gebrauch von Gesten, die ablenkend oder nervös wirken könnten.

4. Bewusstsein für den Gesichtsausdruck: Ein aufrichtiges Lächeln ist eine der effektivsten Methoden, um eine positive Verbindung zum Kunden herzustellen. Halte während des Gesprächs einen offenen und freundlichen Gesichtsausdruck.

5. Aktiv zuhören: Zeige dein Interesse durch deinen Gesichtsausdruck und deine Körpersprache. Neige deinen Körper leicht zum Kunden hin, um Aufmerksamkeit zu signalisieren.

6. Vermeide Ablenkungen: Vermeide ablenkendes Verhalten wie das Überprüfen des Telefons oder das Wegsehen während der Interaktion mit dem Kunden. Dies kann dem Kunden das Gefühl geben, dass du nicht engagiert bist.

Schlussfolgerung:

Die Körpersprache des Verkäufers ist ein wesentlicher Bestandteil in der Kommunikation und in der Kunst des Verkaufs. Deine Haltung, deine Gesten und dein Gesichtsausdruck können den Unterschied darin ausmachen, Vertrauen aufzubauen, den Kunden einzubinden und Einwände effektiv zu managen. Mit ständiger Übung und einem erhöhten Bewusstsein für deine Körpersprache kannst du deine Fähigkeiten in der nonverbalen Kommunikation erheblich verbessern und deine Erfolgschancen im Verkauf steigern. Unterschätze niemals die Macht deiner Körpersprache, Wahrnehmungen zu formen und positive Beziehungen zu Kunden aufzubauen.

Kapitel 10 - Pünktlichkeit und Zuverlässigkeit: Das Fundament von Glaubwürdigkeit und Vertrauen

Wir erforschen zwei wesentliche Eigenschaften für jeden erfolgreichen Verkäufer: Pünktlichkeit und Zuverlässigkeit. Diese Säulen sind grundlegend für den Aufbau und die Aufrechterhaltung positiver Beziehungen zu Kunden, um Vertrauen zu schaffen und langfristigen Erfolg zu sichern.

Die Bedeutung der Pünktlichkeit:

Der Kunde nimmt sich Zeit aus seinem Tag, um dich im Geschäft oder Büro zu treffen. Es wäre für den Kunden sehr ärgerlich, vor verschlossenen Türen zu stehen, während deiner Öffnungszeiten.

1. **Respekt für die Zeit des Kunden:** Pünktlichkeit zeigt, dass du die Zeit des Kunden respektierst. Wenn du einen Termin oder ein Treffen vereinbart hast, erwartet der Kunde, dass du pünktlich und bereit bist.

2. **Einen guten Eindruck hinterlassen:** Pünktlich zu sein, schafft einen positiven ersten Eindruck. Es zeigt, dass du organisiert, zuverlässig und respektvoll gegenüber den Erwartungen des Kunden bist.

3. **Effizientes Arbeiten:** Pünktlich zu sein, hilft auch bei der eigenen Zeitverwaltung. Wenn du einem genauen Zeitplan folgst, hast du mehr Zeit, dich auf Kunden und Verhandlungen zu konzentrieren.

Beispiel für Pünktlichkeit:

Stell dir vor, du hast um 10:00 Uhr morgens einen Termin

mit einem Kunden. Du bist einige Minuten früher da, um sicherzustellen, dass du bereit bist. Wenn der Kunde genau zur vereinbarten Zeit ankommt, findest er dich bereits verfügbar und bereit, ihn zu empfangen. Diese Pünktlichkeit hinterlässt einen guten Eindruck und öffnet die Tür für eine effektive Kommunikation von Anfang an.

Die Bedeutung der Zuverlässigkeit:

Zuverlässigkeit ist ein weiterer grundlegender Pfeiler im Verkauf. Es geht darum, den Kunden gemachte Versprechen einzuhalten und vereinbarte Bedingungen zu respektieren. Deshalb ist Zuverlässigkeit so wichtig:

1. Vertrauensaufbau: Zuverlässigkeit ist entscheidend für den Aufbau von Vertrauen. Kunden müssen wissen, dass sie sich auf dich verlassen können, um zu liefern, was du versprochen hast, zum versprochenen Zeitpunkt.

2. Zufriedener Kunde: Wenn du zuverlässig bist, ist der Kunde wahrscheinlicher zufrieden mit deinen Dienstleistungen oder Produkten. Deine Fähigkeit, Versprechen einzuhalten, trägt dazu bei, eine positive Transaktion zu gewährleisten.

3. Respekt für den Kunden: Zuverlässigkeit zu zeigen, ist ein Zeichen des Respekts gegenüber dem Kunden. Es bedeutet, dass du sein Vertrauen wertschätzt und die Integrität hast, deine Verpflichtungen zu erfüllen.

Beispiel für Zuverlässigkeit:

Stell dir vor, du hast einem Kunden versprochen, seine Bestellung innerhalb einer Woche zu liefern. Wenn du dieses Versprechen einhältst und das Produkt am vereinbarten Tag lieferst, fühlt sich der Kunde respektiert und zufrieden. Diese

Zuverlässigkeit trägt dazu bei, eine Vertrauensbeziehung aufzubauen und kann zu weiteren Verkaufsmöglichkeiten führen.

Die Gewinnende Kombination: Pünktlichkeit und Zuverlässigkeit

Die Kombination von Pünktlichkeit und Zuverlässigkeit ist es, was erfolgreiche Verkäufer auszeichnet. Diese Eigenschaften zeigen, dass du ein kundenorientierter Profi bist, der die Zeit anderer respektiert und seine Verpflichtungen ehrt. Hier sind einige Richtlinien, um deine Pünktlichkeit und Zuverlässigkeit aufrechtzuerhalten und zu verbessern:

1. Planung: Organisiere deinen Tag effizient und berücksichtige Termine und Verpflichtungen gegenüber Kunden.

2. Klare Kommunikation: Wenn du auf unerwartete Verzögerungen oder Hindernisse stößt, informiere den Kunden rechtzeitig und schlage alternative Lösungen vor.

3. Mit Integrität handeln: Sei ein Mann des Wortes. Halte die Versprechen, die du Kunden machst, und halte dich an Vereinbarungen.

4. Persönliches Wachstum: Arbeite kontinuierlich daran, deine Zeitmanagement- und Planungsfähigkeiten zu verbessern, um immer zuverlässiger zu werden.

Schlussfolgerung:

Pünktlichkeit und Zuverlässigkeit sind für den langfristigen Erfolg im Verkauf unerlässlich. Diese Qualitäten tragen dazu bei, einen guten Eindruck zu hinterlassen, Vertrauen aufzubauen und sicherzustellen, dass Kunden mit ihren Erfahrungen zufrieden sind. Denke immer daran, dass Respekt für die Zeit und Integrität bei Versprechen die Grundlage für jede erfolgreiche Kundenbeziehung sind.

Kapitel 11 - Personalisiere das Produkt oder den Service: Die Kunst, einzigartige Erlebnisse zu schaffen

Wir entdecken gemeinsam die Bedeutung der Personalisierung von Produkten und Dienstleistungen im Verkaufsbereich. Die Personalisierung ist eine gewinnbringende Strategie, die es ermöglicht, die spezifischen Bedürfnisse der Kunden zu erfüllen und unvergessliche Erlebnisse zu schaffen. Wir werden Beispiele untersuchen, wie sowohl Produkte als auch Dienstleistungen für maximale Wirkung personalisiert werden können.

Die Bedeutung der Personalisierung:

Personalisierung ist das Geheimnis, um eine authentische Verbindung mit Kunden aufzubauen. Ob du Produkte oder Dienstleistungen verkaufst, die Fähigkeit, das, was du anbietest, an die individuellen Bedürfnisse und Wünsche der Kunden anzupassen, kann den Unterschied zwischen einer Transaktion und einer langfristigen Beziehung ausmachen. Deshalb ist Personalisierung wesentlich:

1. Erfüllung der Kundenbedürfnisse: Jeder Kunde ist einzigartig und hat unterschiedliche Bedürfnisse. Die Personalisierung des Produkts oder Dienstes ermöglicht es, genau das zu liefern, was der Kunde sucht.

2. Schaffung unvergesslicher Erlebnisse:
Personalisierung schafft unvergessliche Erlebnisse. Wenn ein Kunde ein Produkt oder einen Service erhält, der speziell für ihn entworfen wurde, fühlt er sich besonders und geschätzt.

3. Abgrenzung von der Konkurrenz: Personalisierung hilft, sich von der Konkurrenz abzuheben. Wenn du etwas

Einzigartiges und Maßgeschneidertes anbieten kannst, werden Kunden eher dich wählen als deine Konkurrenten.

Beispiele für Produkt-Personalisierung:

1. Erstellen eines personalisierten Logos: Wenn du ein Produkt verkaufst, das bereits auf dem Markt ist, kannst du dich durch Personalisierung des Produkts mit einem einzigartigen Logo oder Bild abheben. Zum Beispiel, wenn du Kleidung verkaufst, kannst du ein personalisiertes Logo auf jedes Kleidungsstück drucken.

2. Personalisierte Verpackung: Die Verpackung des Produkts kann den Unterschied ausmachen. Personalisiere die Verpackung mit dem Namen des Kunden oder einer speziellen Nachricht. Diese Detailaufmerksamkeit lässt den Kunden sich schon beim Öffnen der Verpackung besonders fühlen.

3. Personalisierte Gebrauchsanweisung: Wenn dein Produkt Anweisungen benötigt, erstelle eine personalisierte Gebrauchsanweisung mit dem Namen des Kunden und Tipps, wie das Produkt optimal genutzt werden kann.

4. Bilder des Produkts in Gebrauch: Wenn möglich, zeige Bilder des Produkts, die von zufriedenen Kunden verwendet werden. Dies hilft dem Kunden, sich vorzustellen, wie er das Produkt verwendet und seine Vorteile versteht.

Beispiele für Service-Personalisierung:

1. Spezieller Empfang anbieten: Wenn der Kunde dein Büro oder Geschäft betritt, empfange ihn auf besondere Weise. Biete einen Kaffee oder ein Getränk an, setze den Kunden und mache die Umgebung gastfreundlich.

2. Einzigartige Visitenkarten: Visitenkarten sind ein effektiver Weg, um einen bleibenden Eindruck zu hinterlassen. Verwende einzigartige Materialien wie Kunststoff oder Metall für deine Visitenkarten. Diese Karten heben sich von anderen ab und werden wahrscheinlich vom Kunden aufbewahrt und Freunden und Familienmitgliedern gezeigt.

Schlussfolgerung:

Personalisierung ist ein Schlüssel zum Erfolg im Verkauf. Wenn du deine Produkte oder Dienstleistungen personalisierst, zeigst du dem Kunden, dass du wirklich daran interessiert bist, seine Bedürfnisse zu erfüllen und dass du bereit bist, die zusätzliche Anstrengung zu unternehmen, um dies zu tun. Diese Aufmerksamkeit für Details kann vertrauensvolle Beziehungen und Kundenbindung schaffen, was zu einer treuen Kundschaft und anhaltendem Erfolg in der Welt des Verkaufs führt. Es sind die Details, die den Unterschied machen.

Kapitel 12 - Die Bedeutung des Vermeidens unangemessener Witze im Verkauf

Gemeinsam behandeln wir das Thema unangemessener Witze, insbesondere solcher mit sexuellen Anspielungen und solchen, die den Kunden persönlich verletzen könnten. Dieses Kapitel beleuchtet, wie eine sorgfältige Handhabung von Worten und Verhalten grundlegend ist, um positive Beziehungen aufzubauen und eine respektvolle Umgebung im Verkauf zu wahren.

Warum es äußerst wichtig ist, unangemessene Witze zu vermeiden:

1. Schaffung einer respektvollen Umgebung: In jedem beruflichen Kontext ist es wesentlich, eine respektvolle Arbeitsumgebung aufrechtzuerhalten. Unangemessene Witze können Spannungen und unangemessenes Verhalten erzeugen, was es schwierig macht, Vertrauensbeziehungen aufzubauen.

2. Risiko, den Kunden zu beleidigen: Witze mit sexuellen Anspielungen oder beleidigende Witze können den Kunden leicht verletzen. Eine positive Verkaufserfahrung zu bieten, bedeutet, Kommentare oder Verhaltensweisen zu vermeiden, die den Kunden unwohl oder herabgesetzt fühlen lassen könnten.

3. Wahrung deiner Reputation: Als Verkäufer ist dein Ruf eine deiner wertvollsten Ressourcen. Unangemessene Witze können dein Image schwer schädigen und deine Glaubwürdigkeit beeinträchtigen.

Beispiele für unangemessene Witze, die zu vermeiden sind:

1. Sexuelle Anspielungen: Vermeide jegliche Kommentare mit sexuellem Hintergrund, einschließlich Witze oder Anspielungen. Auch wenn du denkst, dass es als Scherz akzeptiert werden könnte, ist es besser, kein Risiko einzugehen.

2. Witze über Kunden: Vermeide es, Witze über andere Kunden zu machen, wie Kommentare über ihr Aussehen, ihr Alter oder ihre Ethnizität. Diese Art von Witzen kann extrem beleidigend sein, und der Kunde wird denken, dass du dasselbe in seiner Abwesenheit tun würdest.

3. Politische oder religiöse Witze: Vermeide es, politische oder religiöse Diskussionen mit dem Kunden zu führen. Politische und religiöse Meinungen sind oft persönlich und können leicht zu Streitigkeiten führen.

4. Witze über die persönliche Situation des Kunden: Vermeide es, Kommentare oder Witze über die persönliche Situation des Kunden zu machen, wie über seinen Familienstand, seine finanzielle Lage oder seine Familie.

Wie man einen professionellen Ton beibehält:

1. Konzentriere dich auf den Kunden: Stelle immer den Kunden in den Mittelpunkt deiner Aufmerksamkeit. Höre auf seine Bedürfnisse, respektiere seine Privatsphäre und stelle angemessene Fragen, um seine Situation besser zu verstehen.

2. Sei dir kultureller Unterschiede bewusst: Unangemessene Witze können von Kultur zu Kultur variieren. Wenn du mit Kunden aus verschiedenen Kulturen arbeitest, versuche, sensibel für ihre Empfindlichkeiten und Bräuche zu sein.

3. Plane deine Kommunikation: Plane deine Kommunikation vor einem Treffen mit einem Kunden so, dass sie professionell und respektvoll ist. Vermeide es, Kommentare zu improvisieren, die unangemessen sein könnten.

4. Halte einen angemessenen Tonfall: Dein Tonfall und deine Körpersprache können deinen Respekt und deine Professionalität übermitteln. Halte während der Interaktion mit dem Kunden einen ruhigen und professionellen Tonfall.

Schlussfolgerung:

Zusammenfassend ist es entscheidend, unangemessene Witze zu vermeiden, um eine professionelle und respektvolle Umgebung im Verkauf zu wahren. Sexuelle oder beleidigende Witze können deinen Ruf leicht schädigen und Beziehungen zu Kunden beeinträchtigen. Indem du einen respektvollen und aufmerksamen Kommunikationsansatz beibehältst, kannst du dazu beitragen, solide und langanhaltende Beziehungen zu deiner Kundschaft aufzubauen.

Kapitel 13 - Gepflegtes Aussehen, Angemessene Kleidung und Accessoires:

Deine Persönliche Präsentation

Ein gepflegtes Aussehen, angemessene Kleidung und Accessoires in deiner persönlichen Präsentation machen einen großen Unterschied in einem Gespräch. Dein persönliches Image ist eine wesentliche Komponente für den Erfolg im Verkauf, da es einen bleibenden ersten Eindruck schafft und Professionalität vermittelt. Wir werden Beispiele betrachten, wie du dein äußeres Erscheinungsbild pflegen und angemessene Kleidung und Accessoires wählen kannst, um deine Kunden zu beeindrucken.

Die Bedeutung des Gepflegten Aussehens:

Die Pflege deines äußeren Erscheinungsbildes ist der Ausgangspunkt für eine effektive persönliche Präsentation. Ein gepflegtes Aussehen vermittelt Aufmerksamkeit für Details und spiegelt dein Engagement für eine professionelle Präsentation wider. Deshalb ist ein gepflegtes Aussehen wichtig:

1. Erster Eindruck: Der erste Eindruck zählt viel im Verkauf. Wenn du dich gepflegt präsentierst, schaffst du von Anfang an einen positiven Eindruck.

2. Selbstvertrauen: Wenn du dich um dein äußeres Erscheinungsbild kümmerst, vermittelst du Selbstvertrauen. Das ist besonders wichtig, da Kunden eher dazu neigen, jemandem zu vertrauen, der selbstbewusst und kompetent erscheint.

3. Professionalität: Dein persönliches Image kommuniziert dein Professionalitätsniveau. Ein gepflegtes Aussehen ist ein Zeichen des Respekts gegenüber dem Kunden und dir selbst.

Beispiele für die Pflege des Aussehens:

1. Haarschnitt und Bart: Halte einen sauberen und gepflegten Haarschnitt. Wenn du einen Bart hast, stelle sicher, dass er gut gepflegt und ordentlich ist. Besuche regelmäßig einen Friseur oder Barbier.

2. Persönliche Hygiene: Persönliche Hygiene ist grundlegend. Achte darauf, dich regelmäßig zu waschen, gute Mundhygiene zu pflegen und Parfüm moderat zu verwenden.

Die Bedeutung Angemessener Kleidung:

Kleidung ist ein entscheidender Aspekt deiner persönlichen Präsentation. Angemessene Kleidung vermittelt deinen Respekt für den Kunden und das berufliche Umfeld, in dem du dich befindest. Deshalb ist angemessene Kleidung wichtig:

1. Repräsentiert dein Unternehmen: Angemessene Kleidung repräsentiert auch das Unternehmen, für das du arbeitest. Es ist wichtig, den Dresscode des Unternehmens zu beachten und ein kohärentes Image zu vermitteln.

2. Komfort und Anpassungsfähigkeit: Angemessene Kleidung sollte bequem sein und zur Gelegenheit passen. Stelle sicher, dass deine Kleidung dich sicher und komfortabel fühlen lässt.

Beispiele für Angemessene Kleidung:

1. Professionelle Kleidung: Wenn du in einer formellen Umgebung wie einem Finanzunternehmen arbeitest, ist professionelle Kleidung wie ein Anzug essentiell. In weniger formellen Branchen wie Marketing oder Technologie kann eine geschäftliche Casual-Kleidung angemessener sein.

2. Saubere und Gebügelte Kleidung: Stelle sicher, dass deine Kleidung immer sauber und gebügelt ist. Zerknitterte oder schmutzige Kleidung kann ein Bild von Nachlässigkeit vermitteln.

Die Bedeutung von Accessoires:

Accessoires können den Unterschied in deiner persönlichen Präsentation ausmachen. Ein gut gewähltes Accessoire kann deiner Kleidung Persönlichkeit und Stil verleihen. Deshalb sind Accessoires wichtig:

1. Persönlichkeit und Stil: Accessoires wie Uhren, Krawatten, Taschen oder Schuhe können deine Persönlichkeit und deinen Stil widerspiegeln. Wähle Accessoires, die dich sicher und wohl fühlen lassen.

2. Eleganz und Professionalität: Accessoires können auch dazu beitragen, deine Eleganz und Professionalität zu verbessern. Eine hochwertige Uhr kann beispielsweise ein Gefühl von Klasse und Aufmerksamkeit für Details vermitteln.

Schlussfolgerung:

Zusammenfassend sind ein gepflegtes Aussehen, angemessene Kleidung und Accessoires grundlegende Elemente deiner persönlichen Präsentation im Verkauf. Diese

Details kommunizieren Professionalität, Respekt für den Kunden und Aufmerksamkeit für Details. Kümmere dich um dein persönliches Image und stelle sicher, dass du immer gut vorbereitet bist, wenn du Kunden triffst.

Schlussfolgerung

Wir kommen zum Ende dieser Reise. Ich wende mich an dich, lieber Leser, und danke dir für die Zeit und Aufmerksamkeit, die du diesen Seiten gewidmet hast. Ich hoffe, dass du in diesem Buch wertvolle Informationen, praktische Tipps und Inspiration gefunden hast, um deine Verkaufsfähigkeiten zu verbessern.

Denke daran, dass Verkaufen viel mehr ist als eine geschäftliche Transaktion; es geht um den Aufbau dauerhafter Beziehungen und die Schaffung bedeutungsvoller Erfahrungen für die Kunden. Ob du ein erfahrener Verkäufer bist oder gerade erst deinen Weg beginnst, es gibt immer Raum für Verbesserungen und kontinuierliches Lernen.

Ich wünsche dir aufrichtig, dass du das, was du auf diesen Seiten gelernt hast, in die Praxis umsetzen und den Erfolg erreichen kannst, den du im Verkaufswelt verdienst. Vergiss niemals die Bedeutung von Vertrauen, Professionalität und Empathie beim Aufbau erfolgreicher Beziehungen mit deinen Kunden.

Danke nochmals dafür, dass du dich entschieden hast, dieses Buch zu lesen. Ich wünsche dir viel Erfolg in deiner Verkaufskarriere und hoffe aufrichtig, dich in Zukunft wiederzutreffen, in den nächsten Büchern. Alles Gute und bis bald!

www.ingramcontent.com/pod-product-compliance
Lightning Source LLC
Chambersburg PA
CBHW070110070426
42448CB00038B/2499